EXTRAIT DU *JOURNAL OFFICIEL*
du 29 Décembre 1878.

COMMISSION

DU

TARIF GÉNÉRAL DES DOUANES

Séance du lundi 18 novembre 1878.

DÉPOSITION

DE LA

CHAMBRE SYNDICALE DE LA CHAPELLERIE

PARIS
LIBRAIRIE DES PUBLICATIONS LÉGISLATIVES
A. WITTERSHEIM ET Cᵉ, QUAI VOLTAIRE 31
1878

EXTRAIT DU *JOURNAL OFFICIEL*
du 29 Décembre 1878.

COMMISSION

DU

TARIF GÉNÉRAL DES DOUANES

Séance du lundi 18 novembre 1878.

DÉPOSITION

DE LA

CHAMBRE SYNDICALE DE LA CHAPELLERIE

PARIS

LIBRAIRIE DES PUBLICATIONS LÉGISLATIVES

A. WITTERSHEIM ET Cᵉ, QUAI VOLTAIRE 31

1878

COMMISSION

DU

TARIF GÉNÉRAL DES DOUANES

Séance du 18 novembre 1878

PRÉSIDENCE DE M. JULES FERRY

INDUSTRIE DE LA CHAPELLERIE

Comparaissent devant la commission les délégués de la chambre syndicale de la chapellerie dont les noms suivent :

MM. DE CLERMONT, vice-président ;
Haas, vice-président ;
OLLIVIER, membre.

Déposition de M. HAAS.

M. le président. — Vous avez désiré, messieurs, être entendus sur les articles qui vous concernent. Quel est celui d'entre vous qui doit prendre la parole ?

M. Haas. — Mes collègues veulent bien me

charger de vous exprimer les désirs de notre industrie.

M. Gailly. — Ne repr. sentez-vous que la chapellerie parisienne? Vous savez que dans le Midi il y a des fabriques importantes de chapellerie?

M. Haas. — Nous croyons aussi représenter les fabricants du Midi, dont les intérêts sont semblables aux nôtres ; j'ai moi-même, ainsi que le président de notre chambre, une usine à Aix-en-Provence, pour la fabrication des chapeaux de feutre.

M. le président. — Avez-vous reçu mission de vos confrères des départements?

M. Haas. — Nous n'avons reçu mission que de la chambre syndicale parisienne, dont j'ai l'honneur d'être vice-président; mais je crois pouvoir parler au nom de la chapellerie de province aussi bien que de celle de Paris, car nos intérêts sont identiques. La chapellerie comprend : le chapeau de feutre en poil, en laine, le chapeau de soie, la casquette et le chapeau d'étoffe, enfin les chapeaux de paille en tous genres.

Nous désirons le maintien des traités de commerce, pour les matières premières de chaque produit et pour le produit manufacturé ; nous allons vous en donner les raisons.

Notre chambre syndicale avait préparé, en réponse à une demande du ministère de l'agriculture et du commerce, un travail spécial dans lequel nous réclamions le maintien des traités nous protégeant, en ce qui concerne le chapeau de feutre et de soie, par un droit de 10 p. 100 *ad valorem.*

Ce droit étant la cause de difficultés nombreu-

ses en douane, nous avons cherché, d'après l'in-
vitation de l'administration, à le convertir en
droits spécifiques et, ayant étudié les conditions
dans lesquelles pouvait être opérée cette conversion, nous avons reconnu que la taxe au poids
ne donnerait pas un résultat équitable, attendu
que les chapeaux d'un prix élevé sont ceux dont
le poids est le moindre. Le chapeau ordinaire
acquitterait ainsi un droit plus fort que le chapeau fin. Nous avons dû, pour ce motif, renoncer
à nous servir du poids comme base d'impôt et
nous nous sommes arrêtés au droit à la pièce.

M. le président.— Et vous acceptez les prix
proposés au tarif, qui sont, selon la nature des
articles : chapeau de feutre non garni, 0 fr. 40,
garni, 0 fr. 75 ; chapeau de feutre laine, 0 fr. 35 ;
chapeau de soie, 1 fr. 20.

M. Haas. — Oui, monsieur le président ; ces
taxes, qui représentent à peu près 10 p. 100 de
leur valeur, nous donnent satisfaction.

Nous sommes partisans des traités de commerce dans leurs conditions actuelles, parce que
la modification de ces traités pourrait nous ex-
poser à perdre le bénéfice de notre situation
présente, laquelle nous permet d'exporter nos
articles en assez grande quantité.

Tout en trouvant en France une partie de nos
matières premières, nous achetons des poils de
lapin et de lièvre en Angleterre, en Allemagne
et en Belgique.

La facilité que nous avons de faire nos mélanges avec du poil étranger importé en franchise
de droit, constitue un avantage considérable pour
notre industrie. Nous pouvons ainsi faire des
croisements de matières qui produisent d'excel-

lents résultats. Je demande à la commission la permission de lui donner sur ce point des détails qui ont leur importance.

Ainsi, les qualités physiques qu'on observe dans les diverses races humaines, se remarquent dans les matières que nous employons. En Angleterre nous trouvons la force du poil, en Allemagne la souplesse, en France l'élégance et la finesse, toutes qualités que nous recherchons pour la confection de nos produits.

C'est dans les mélanges bien compris de ces différentes matières que réside la bonne fabrication.

La production française, annuelle, en chapeaux de feutres peut s'élever environ de 80 à 100 millions de francs. Il y a bien une importation et nous n'entendons pas l'empêcher.

Comme conclusion de nos désirs, pour les chapeaux de feutre, de laine et de soie, nous demandons la continuation de la franchise des droits sur nos matières premières, tant pour la laine que pour les différents poils employés en chapellerie ; et pour les chapeaux fabriqués le maintien du droit actuel de 10 p. 100 que nous avons converti en droits spécifiques par les taxes indiquées à l'administration.

J'arrive à la casquette et au chapeau d'étoffe ; pour cette fabrication nous utilisons actuellement certaines étoffes provenant de l'étranger, ainsi le velours que nous employons nous vient d'Angleterre ; nous en faisons toute espèce de coiffures et nous nous en servons aussi comme ornement, en le disposant avec d'autres étoffes.

Autrefois Amiens nous fournissait des velours ; mais leurs prix et surtout leurs qualités ne répondant nullement aux besoins de notre fabrication, nous avons dû les remplacer par les ve·lours anglais.

Il en est de même de certaines étoffes anglaises, laine et coton, bon marché, dont l'emploi a contribué beaucoup à développer l'industrie de la casquette.

Nous supportons actuellement sur ces étoffes, comme sur les velours, un droit qui équivaut 10 p. 100 de leur valeur et nous désirons pou·voir continuer à nous en approvisionner à ces mêmes conditions, malgré l'avis contraire des fabricants français de velours et de drap.

C'est la facilité que nous avons d'acheter où bon nous semble les étoffes les mieux préparées pour notre industrie, qui a contribué à augmenter notre production pour l'intérieur et rend possible nos ventes à l'exportation.

M. Jametel. — Pour quelle raison achetez-vous vos velours en Angleterre plutôt qu'à Amiens ?

M. Haas. — Parce que les velours anglais sont mieux faits et ont plus d'apparence ; ils nous permettent d'établir des coiffures ayant un ca-chet que ne leur donnerait pas le velours d'A-miens. Je parle surtout des velours lisses anglais dont la supériorité est incontestable.

M. Jametel. — Les velours anglais vous pré-sentent-ils comme prix les mêmes avantages que comme qualité ?

M. Haas — Oui, monsieur, nous avons en An·gleterre, pour le même prix, un velours bien plus brillant.

Je suis dans la chapellerie depuis plus de trente ans ; j'achetais autrefois des velours d'Amiens,

mais j'ai dû y renoncer aussitôt que les velours
anglais ont pu entrer en France, tellement ils
étaient supérieurs à ceux d'Amiens. J'ai essayé
plusieurs fois de revenir à ceux-ci, mon devoir
et mon désir étaient de donner la préférence au
produit français, mais la lutte était impossible
et je ne pouvais sacrifier mon industrie à l'insuf-
fisance de certaines fabriques françaises.

M. René Goblet. — Lorsque vous dites que
le velours d'Amiens ne vous convient pas, vous
n'avez en vue que votre fabrication de casquettes et chapeaux. Vous ne dites pas que le velours
d'Amiens n'est pas bon pour la confection des vê-
tements.

M. Haas. — Je ne parle, bien entendu, que de
la fabrication des casquettes et chapeaux.

M. René Goblet. — Le velours d'Amiens a
d'autres destinations auxquelles il répond par-
faitement.

M. Haas. — Je n'en disconviens pas. Mes
observations sur les velours s'appliquent à quelques étoffes laine et coton que nous tirons d'Angleterre.

Pour nos étoffes de laine, draps et nouveautés
en belle qualité et en qualité courante, nos fabriques françaises sont à la hauteur et nous suf-
fisent, mais il n'en est pas de même des qualités
ordinaires, pour lesquelles nous sommes tribu-
taires des Anglais, car seuls, ils arrivent à nous
fournir des étoffes mélangées en laine et coton
bien établies. Ces étoffes, à très-bas prix, nous
permettent de confectionner de bonnes casquettes d'hiver, qui par leur utilité et grâce à
leur bon marché sont appréciées par la classe
ouvrière.

La production annuelle comme casquettes, peut s'élever à 25 millions de francs environ, dont une partie pour l'exportation.

M. le président. — Quel est l'article que vous exportez en plus grande quantité?

M. Haas. — Ce sont les chapeaux de feutre ; nous en exportons en Europe et surtout dans l'Amérique du Sud. Le marché des Etats-Unis nous est malheureusement fermé aujourd'hui par des droits pour ainsi dire prohibitifs.

M. le président. — Vous n'avez aucune observation à faire au sujet du droit de 1 fr. 20 qui est proposé pour les chapeaux de soie?

M. Haas. — Non, monsieur! Le chapeau de soie est un article dont la production est limitée ; volumineux et encombrant, il ne se porte plus guère que dans les grandes villes et pour le même motif il est un peu délaissé à l'exportation. Le chapeau de feutre le remplace, dans la consommation générale.

Il y a une troisième catégorie de coiffure, c'est le chapeau de paille. Nous désirons conserver pour cette industrie la situation très-libérale qui nous est faite actuellement, et si vous ne voyez devant vous, messieurs, en ce moment, que les deux vice-présidents de la chambre syndicale de la chapellerie, et non le président, c'est que sur cette question du chapeau de paille, il s'est produit entre la chambre syndicale et son honorable président, une divergence que j'aurai l'honneur de vous expliquer tout à l'heure.

Les tresses qui servent à coudre la paille entrent actuellement en France avec un droit insignifiant de 5 francs les 100 kilogr.; nous tenons essentiellement à ce que ce droit ne soit pas augmenté sur cette matière première.

Les chapeaux de paille fabriqués se subdivisent en différentes sortes : il y a le chapeau remaillé en paille d'Italie, le chapeau tressé en palmier et en fibres de Panama, le rotin ou manille et autres chapeaux exotiques, enfin, le chapeau en paille cousue. Tous ces chapeaux entrent actuellement en France avec un droit de 10 fr. les 100 kilog. Nous demandons énergiquement le maintien de cette situation.

Notre président, avec quelques fabricants de chapeaux mode pour femmes, d'accord avec nous dans toutes nos appréciations concernant la paille, demande sur les chapeaux cousus seuls un droit de 250 fr. les 100 kilog. au lieu de 10 fr. que nous payons actuellement, ceci pour protéger la couture de la paille en France.

La chambre syndicale repousse de toutes ses forces, comme contraire aux intérêts de la chapellerie, la demande de son président. Ce dernier, après cette décision, n'a pas cru, par scrupule, pouvoir se charger de faire prévaloir auprès de vous les vœux de notre chambre sur ce point important. C'est ce qui explique, messieurs, son absence aujourd'hui.

Voici pourquoi nous repoussons cette protection, qui aurait des conséquences déplorables pour notre industrie ; d'abord, la nature de paille pouvant servir de matière première pour faire des tresses nous manque, c'est une question de climat et de sol ; partant de là, nous n'avons pas les tresseuses qui manipulent cette paille. Vous voyez donc que les premiers éléments, la paille et la main-d'œuvre, nous man-

quent absolument pour constituer avec la paille
cousue une industrie sérieuse, puisque nous
sommes obligés d'acheter les tresses dans les différents pays de production.

Les fabricants prenant déjà un bénéfice sur
leurs tresses, il nous est impossible de lutter
avec eux pour la production courante des tresses
et de la paille cousue. Il y a là, je le répète,
une matière première, la paille, qui nous manque, et dans cette situation, il nous paraît logi-
que d'acheter les chapeaux de paille cousue,
comme les autres, là où on les fabrique au meil-
leur marché et de pouvoir, si je puis m'exprimer ainsi, les naturaliser français par le bon
goût de nos garnitures et certaines transforma-
tions que nous leur faisons subir.

Nous arrivons ainsi, malgré notre infériorité
comme matière première, à en exporter pour un
chiffre assez élevé. Cet avantage très-important,
le droit en question nous le ferait perdre à moins
que vous ne reveniez au drawback, ce qui n'est
guère probable.

Autrefois, le drawback nous était accordé parce
que les droits d'entrée étaient très-élevés; mais
il en résultait dans la pratique des inconvénients
sérieux et multiples, et je ne crois pas qu'il
serait bon de revenir à ces anciens erre-
ments.

Il est bien certain qu'avec un droit de 2 fr. 50
par kilogr., sans drawback, toute réexportation
nous serait interdite. Ensuite étant partisans des
traités de commerce, ne devons-nous pas laisser
aux nations avec lesquelles nous traitons, la fa-
culté de nous vendre certains p oduits qu'elles
ont la possibilité de fabriquer mieux que nous

en retour de ceux que nous voulons continuer
d'importer chez elles? C'est ainsi que nous comprenons les traités de commerce. Nous ne sommes par pour le libre-échange quand même;
nous voulons donner d'une main et recevoir de
l'autre.

Il est bien entendu que nous n'a lmettons pas
la réciprocité comme l'ont comprise les Italiens
pour le dernier traité en négociation. Ainsi sous
le régime de l'ancien traité, les Italiens, si bien
placés pour la paille, importaient lsurs tresses
en France avec le droit de 5 fr. les 100 kilogr.,
et les chapeaux fabriqués à raison de 10 fr. les
100 kilogr., droits insignifiants, comme vous
voyez. Par contre, les chapeaux de paille en-
traient en franchise en Italie, sauf les chapeaux
de palmier, panama, rotin, manille et autres chapeaux exotiques, qui supportaient à l'entrée un
droit de 10 p. 100 à la valeur. Ce n'était déjà pas
la réciprocité, puisque ces derniers chapeaux,
seuls susceptibles d'être importés en Italie,
payaient un droit do 10 p. 100 de la valeur, tandis que nous admettons leurs chapeaux de paille
avec un taux de 10 fr. les 100 kilogr.

M. le président. — Le droit du tarif général
italien est de 1 fr. par chapeau.

M. Haas. — Oui, monsieur le président.

M. Jametel. — Combien faut-il de chapeaux
pour faire le poids de 1 kilogramme?

M. Haas. — Un seul chapeau pèse de 80 à
100 grammes, selon sa qualité et selon la sorte
de paille. Cette situation, tout à l'avantage de l'Italie, avait cependant été aggravée pour nous d'une
manière incompréhensible, par le nouveau traité :
l'Italie continuait à avoir l'accès de notre marché

à peu près libre pour ses pailles comme sous l'ancien traité; tandis que les différentes sortes que nous pouvions encore vendre chez elle, avec le droit de 10 p. 100, devaient supporter une taxe de 1 franc par chapeau, soit une augmentation de 80 à 90 p. 100 pour certains chapeaux; c'était la prohibition absolue.

Ainsi, un chapeau palmier de 1 franc, supportant autrefois un droit de 10 centimes, aurait eu, avec le nouveau traité, à payer un droit de 1 franc. Autre exemple, pour prouver l'injustice de ce traité, en ce qui nous concerne : un chapeau rotin ou manille, dressé et fini en Italie, importé en France, payait un droit de 10 centimes par kilogramme, soit 1 centime; ce même chapeau, dressé et fini en France, importé en Italie, devait y acquitter un droit de 1 franc par chapeau.

En un mot, l'Italie, tout en se réservant précieusement les avantages du traité précédent, ne le modifiait que pour établir des droits prohibitifs sur les seules catégories de chapeaux susceptibles de se vendre chez elles, et supprimait ainsi radicalement notre importation de ces articles dans ce pays.

Ce n'est pas ainsi que nous comprenons les échanges, et nous avons été heureux de la non ratification par la Chambre d'un traité contenant de pareilles injustices.

M. le président. — Quel droit accepteriez-vous vis-à-vis de l'Italie?

M. Haas. — Nous voudrions sinon la réciprocité, qui serait cependant de toute justice, mais au moins conserver le régime de l'ancien traité, qui imposait un droit de 10 p. 100 de la valeur sur les chapeaux de palmier, panama, rotin, manille et autres chapeaux exotiques.

M. le président. — Comme vous l'avez senti vous-même, monsieur, nous nous occupons d'un tarif général et non pas d'un tarif conventionnel.

M. Haas. — Nous vous renseignons en vue de toute éventualité, mais nous espérons le renouvellement des traités de commerce qui, depuis 1860, régissent nos relations commerciales.

Le tarif général doit établir, paraît il, un droit sur les tresses de 30 fr. et 75 fr. les 100 kilogr. au lieu de 5 fr. que nous payons actuellement ce serait tout à fait contraire à nos intérêts et l'on rendrait la couture de la paille d'autant plus difficile dans notre pays.

M. Gailly. — Est-ce qu'il n'y a pas en France des fabriques de tresses ?

M. Haas. — Il y a bien, dans les environs de Grenoble et de Toulouse, des fabriques de tresses communes servant à faire des chapeaux ordinaires dits « jardins »; mais c'est là une production toute spéciale d'une vente très-limitée et ne comprenant que l'article tout à fait ordinaire. Cette industrie s'est du reste développée sous le régime des traités. Les produits importés n'ont aucun rapport avec cette tresse commune.

M. Gailly. — Dans vos observations, vous vous placez toujours en présence d'un traité; mais je vous rappelle que nous faisons un tarif général, et alors je vous demande si pour les chapeaux de feutre et de soie, vous considérez le prix de 0 fr. 35, 0 fr. 40, 0 fr. 75, 1 fr. 20, comme un minimum au dessous duquel on ne pourrait pas descendre.

M. Haas. — Oui, monsieur. Nous considérons ces tarifs absolument comme un minimum. Nous n'avons voulu, dans notre travail concernant les chapeaux de feutre et soie, que convertir le 10 p. 100 de droits *ad valorem* en droits spécifiques. Nous tenons énergiquement à ce droit.

M. le président. — Il vous faut 10 p. 100?

M. Haas. — Oui, monsieur le président. Nous avions ces 10 p. 100, dont l'administration nous a demandé la conversion en droits spécifiques.

M. le président. — L'administration ne vous a pas dit que le droit qu'elle inscrirait au tarif général pouvait être abaissé?

M. Haas. — Non, monsieur, nous avons loyalement converti les 10 p. 100 en droits spécifiques.

M. le président. — Vous réclamez énergiquement le maintien de ces 10 p. 100?

M. Haas. — Oui, monsieur le président.

M. le président. — Vous n'avez plus rien à ajouter, monsieur? Nous vous remercions des renseignements que vous nous avez apportés.

Paris. — Imp. A. WITTERSHEIM et Cᵉ, quai Voltaire, 31

www.ingramcontent.com/pod-product-compliance
Lightning Source LLC
LaVergne TN
LVHW022253030726
842520LV00009B/2794